Réné PIÉRON

ANCIEN DÉPUTÉ.

ARRAS.

TYP. ET LITH. DE A. COURTIN, IMPRIMEUR DE L'ACADÉMIE,

Rue du 29 Juillet.

Août 1857.

Réné PIÉRON,

ANCIEN DÉPUTÉ.

RÉNÉ PIÉRON,

ANCIEN DÉPUTÉ DE L'ARRONDISSEMENT DE St-POL,

CONSEILLER A LA COUR DE PARIS,

(Mort le 4 août 1857).

Le département du Pas-de-Calais fait coup-sur-coup de bien regrettables pertes. Le président Huret, Frédéric Degeorge, Réné Piéron, succombent l'un après l'autre et laissent un grand vide dans les rangs de ces bons citoyens qui, pendant nos trente années de luttes parlementaires, ont vaillamment défendu, sous nos yeux, la cause du droit et des libertés publiques.

Si l'annonce de cette perte dernière, l'annonce de la mort de Réné Piéron, fut tombée tout-à-coup au milieu de nous, elle eut causé une étrange stupeur, car quel homme plus que lui semblait jouir de tous les priviléges de la santé, de la vigueur du corps, d'une activité exubérante, en un mot de tout ce qui semble garantir une longue vie?

Mais ce concitoyen, estimé de tous, cher à beaucoup d'entre nous, et que, pour notre part, nous avons tant aimé, nous le pleurions déjà depuis longtemps, alors qu'un mal terrible le dévorait, et sa mort a été le terme de cruelles souffrances.

Notre amitié ne doit et ne veut rien exagérer, même en payant un ample tribut de regrets à une mémoire aimée et honorée.

Peu de citoyens, dans la vie publique, ont mis au service de la cause qu'ils avaient embrassée, une âme plus droite, plus loyalement inspirée, plus ardente à faire triompher le vrai et le juste. C'est l'homme politique que nous avons dessein d'examiner ici en Réné Piéron, aussi négligerons-nous ses dernières années, sa carrière politique ayant fini réellement en 1849.

Depuis lors, ses devoirs, comme magistrat à la Cour d'appel de Paris, ses affections de famille et le patronage trop étendu dont son infatigable obligeance lui avait imposé le fardeau, l'absorbèrent tout entier.

Les circonstances d'ailleurs étaient bien changées et ne favorisaient pas l'expansion de ses plus puissantes facultés. Pour le bien juger, il faut le chercher et le voir à l'œuvre à cette grande époque parlementaire pour laquelle il semblait né, avec laquelle il sut si bien identifier son âme et sa vie.—— Être l'homme de son temps, résumer en soi les idées, les aspirations, les travaux de cette génération libérale et honnête qui, de 1815 à 1848, sous deux dynasties, a sans relâche travaillé et combattu pour fonder en France le régime représentatif, c'est-à-dire la liberté contenue par l'opinion et par les lois, la liberté sincère et progressive; ce fut le trait saillant, ce fut l'honneur du caractère de Réné Piéron.

Né sous la République, à Arras, le 28 février 1796, il ne l'a pas connue; son enfance s'est éveillée au bruit des victoires d'un grand capitaine ; sa jeunesse a été éblouie des gloires de l'Empire, mais seulement assez pour ressentir plus douloureusement les désastres et les humiliations de l'invasion étrangère et des traités de 1815.

De bonne heure, il éprouva, en présence des malheurs de la France, ce deuil patriotique qui trempe fortement l'âme des bons citoyens. Cependant, la patrie n'est plus comprimée par une puissante épée; elle n'a plus les distractions des champs de bataille et des conquêtes ; elle aspire hautement à la liberté, et le pacte constitutionnel de 1814 semble inaugurer pour les Français une ère nouvelle. Il se produit alors un noble élan parmi la jeunesse du pays. Elle veut que le passé reste ce qu'il est et n'essaie pas de sortir de sa tombe; elle veut recueillir les fruits de l'héroïsme et des souffrances de ses pères. Elle réclame ardemment l'avenir de lumières et de progrès promis aux fils des hommes de 1789. Les résistances sont énormes, préjugés obstinés, rancunes profondes, intérêts et passions blessés et exaspérés par notre grande Révolution, voilà les obstacles qu'il faut surmonter, l'ennemi qu'il faut vaincre. La jeunesse française, sous la Restauration, se montre à la hauteur de cette tâche. En vain elle est déshéritée par une législation méticuleuse de tous les droits politiques. Sa mission, elle la tient de son patriotisme et de sa conscience, elle la remplit généreusement, avec ardeur, par toutes les voies qui lui sont ouvertes pour se mêler au mouvement de l'opinion, pour l'accélérer, pour la faire éclater en manifestations imposantes; partout elle met sa parole, son action, son entrain et son prosélytisme au service des hommes qui commandent sa confiance, qui sont ses chefs reconnus et les drapeaux de la cause libérale. Réné Piéron se plaça bientôt, dans nos contrées, aux premiers rangs de cette jeunesse généreuse et militante. Issu d'une famille honorable qui avait jeté de profondes racines dans notre pays, et qui, par sa mère, appartenait à l'arrondissement de St.-Pol (1), Piéron, avocat en 1818, conseiller auditeur à la cour de Douai en 1822, substitut du procureur général en 1830, avait tout à gagner auprès du Pouvoir, et, en vue de son avenir, à taire ses opinions et même encore à se faire, comme tant de gens habiles, indifférent en matière politique; mais ni cette timidité cauteleuse, ni cet égoïsme n'allaient à sa nature franche et loyale. Pendant les quinze années de luttes intérieures qui aboutirent aux fatales ordonnances de 1830, signées par un roi trompé par ses

(1) Les Goudemetz de St-Michel.

ministres, Piéron ne cessa de se signaler parmi les jeunes hommes qui disaient hautement leur pensée, leurs griefs, leurs vœux et qui formaient peu à peu au cœur du pays cette force compacte de l'opinion avec laquelle l'ancien régime aurait à compter aux heures de vertige où il voudrait violemment ravir à la France ses garanties constitutionnelles. Ajoutons que, dans ses fonctions de magistrature, la plus ferme indépendance le mettait à l'épreuve des caresses et de l'intimidation des puissants du jour.

L'avancement normal qui le fit arriver en douze années et par degrés au poste de Conseiller à Douai, il le dut à ses bons services, à l'affection de ses chefs que lui conciliait son heureux naturel, et à quelques éclaircis de l'horizon politique pendant lesquelles on cessait de faire un crime à un fonctionnaire, de se croire citoyen, de parler et d'agir à ce titre dans toute la liberté de sa conscience. Collégue et ami de M. Degouve Denuncques, et devenu son gendre par une heureuse alliance, Réné Piéron, quand une mort prématurée enleva M. Denuncques à la députation du Pas-de-Calais, fut appelé (après avoir échoué une première fois), par la majorité libérale des électeurs de l'arrondissement de St-Pol, à recueillir son héritage parlementaire. C'était en 1834, à l'époque où se dessinait déjà trop bien la politique d'un roi sorti d'une révolution faite au nom des libertés publiques en péril, mais qui s'efforçait de méconnaître son origine et d'en annihiler les conséquences. Ruser avec le pays, tuer l'esprit en paraissant respecter la lettre, faire de l'élément représentatif une matière de commerce et de lucre pour ceux qui en possédaient le monopole, fonder enfin toute l'existence d'un grand peuple sur la morale de l'intérêt, telle était cette politique. Piéron, caractère d'une honnêteté primitive et qui s'indignait hautement contre tout ce qui était tortueux, était bien choisi pour défendre pied à pied le terrain contre des gouvernants de cette école.

Aussi, pendant les quinze années que mirent ces hommes à ruiner chez nous, comme à plaisir, les bases du régime parlementaire, il ne manqua pas un seul jour de leur faire une guerre active à la Chambre des Députés, dans les Conférences politiques, dans les Comices électoraux, partout enfin où il pouvait donner l'essor à sa pensée libérale, à son amour pour son pays. Le mandat que Piéron avait reçu fut renouvelé plusieurs fois, et on se rappellera longtemps, dans l'arrondissement de Saint-Pol surtout, avec quel entrain, avec quelle énergie les électeurs libéraux triomphèrent dans les luttes électorales, malgré les efforts incessants de l'administration, et eurent l'honneur de conserver leur indépendance jusqu'au dernier jour de la monarchie de juillet. Chacune de ses réélections était un véritable triomphe pour Piéron.

Pendant les quinze ans que dura cette monarchie, la biographie de Piéron est intimement liée à notre histoire parlementaire, aux annales de cette opposition dont le rôle est mal apprécié aujourd'hui, et qui aurait pourtant prévenu la ruine de bien des choses en France si sa voix avait été écoutée. Essentiellement modeste, le Député de l'arrondissement de St-Pol laissait la tribune aux princes de la parole. Il ne la disputait même pas à ceux chez qui la confiance en soi suppléait aux talents oratoires ; mais il vivait dans l'intimité des chefs de l'opposition ; il assistait à leurs conseils, se pénétrait de leurs idées, excellait à les propager, à échauffer les uns, à discipliner les autres, à donner en un mot à un grand parti comme une seule âme et un seul battement de cœur. Ses services étaient d'autant plus réels qu'en les rendant il ne cherchait aucune jouissance d'amour-propre, mais seulement la satisfaction de cette conviction honnête et ardente dont il était possédé.

Fonctionnaire public, il accorda son suffrage à la proposition de l'honorable M. de Rémusat *sur les fonctionnaires publics*, et il maintint toujours son indépendance malgré les liens qui pouvaient le rattacher au Pouvoir.

Piéron fut, en 1847, avec Frédéric Degeorge, le promoteur des banquets réformistes d'Annezin-lez-Béthune et d'Arras. Aidé alors par Odillon Barrot, Debaumont (de la Somme) Corne (ancien Député du Nord) Oscar Lafayette, Député de Meaux, Crémieux, David (d'Angers) et par beaucoup d'honorables citoyens du Pas-de-Calais, il y proclama avec énergie que la réforme électorale était le drapeau, la mission sainte et politique de tout homme qui croyait à la vie morale de la France, que chaque citoyen pouvait être ouvrier dans cette grande œuvre, y apporter sa pierre, pardonner à ses ennemis et mépriser à toujours les hypocrites.

Disons encore que pendant les neuf années que Piéron fut Membre du Conseil général du Pas-de-Calais, qu'il présida une fois, il y réclama avec ses amis les réformes utiles, les améliorations nécessaires telles qu'on doit les attendre du progrès, et y consacra aussi avec eux ses forces morales et intellectuelles au développement des principes d'une sage liberté.

Réné Piéron ne portait pas ses vues au-delà de la Monarchie constitutionnelle franchement acceptée et pratiquée; quand les fautes du Pouvoir eurent précipité le mouvement de la Démocratie jusqu'à la proclamation d'une République, comme tous les hommes sensés, il ne pensa pas à faire rebrousser chemin au flot populaire. C'est à cette époque qu'il fut nommé Conseiller à la Cour de Paris. Aimé dans le département du Pas-de-Calais, non seulement pour la fermeté de ses opinions, mais encore à cause de sa bonté inépuisable, de son obligeance et de la droiture de ses sentiments, il obtint, aux élections de 1848, 130,207 suffrages.

Représentant du Pas-de-Calais à l'Assemblée constituante, il voulut faire loyalement l'épreuve du Gouvernement républicain et du suffrage universel. Sur un terrain nouveau, il reprit l'œuvre de toute sa vie, œuvre de raison et de vrai patriotisme; il ne chercha qu'une chose, appuyer la liberté sur les lois, donner au Gouvernement d'un peuple libre des conditions de stabilité et de durée. Il vota dans cet esprit la Constitution de 1848 ; ce fut le dernier acte de la vie politique de Piéron. Elle restera dans nos souvenirs, cette vie, comme un modèle d'indépendance, de fermeté et d'ardeur chevaleresque à soutenir sa foi, à remplir loyalement sa tâche de bon citoyen et son mandat d'homme public.

C'est le caractère privé qui fait le caractère politique ; et celui que nous avons vu honnête homme dans une sphère élevée, à coup sûr nous le trouverons tel dans sa vie intérieure, et Piéron mettait bien en relief cette vérité ; sa franchise était presque proverbiale parmi nous, et jamais nature plus droite ne fut en même temps plus sympathique et plus chaleureuse. Dans ses amitiés, entraîné par son ardeur à obliger, il dépassa parfois les bornes d'une juste modération ; mais cela même encore venait de son exubérance de cœur, noble défaut que nous, son ami, avons à peine le courage de lui reprocher, et qui contraste étrangement avec la doctrine et la pratique de tant d'autres hommes. Dans ce cœur honnête et bon, parfois aussi, l'amitié poussa loin ses préventions indulgentes. Plutôt que d'attrister son âme par de pénibles sentiments, plutôt que de retirer son estime à celui qu'il avait appelé son ami, il lui arriva quelquefois aussi de s'aveugler sur des hommes égarés bien loin de la voie droite ; mais c'était encore là une généreuse faiblesse de Piéron, et dont ne se rendent coupables que des cœurs d'élites.

11 Août 1857.

BILLET, Avocat.

Arras, Typog. A. COURTIN.